DANIEL MASSIOU.

DANIEL MASSIOU.

NOTICE

LUE A LA SOCIÉTÉ LITTÉRAIRE DE LA ROCHELLE

En 1855

Par M. Charles FOURNIER.

LA ROCHELLE,

TYPOGRAPHIE DE G. MARESCHAL, RUE DE L'ESCALE, 20.

——

1869

I.

Dans les dernières années de sa vie, M. Massiou, atteint d'une maladie qu'il savait mortelle, avait réuni et copié le plus grand nombre de ses écrits. Quelques heures avant de quitter la terre, il me recommanda d'exécuter son testament.* Je lui parlai de ses ouvrages ; il me répondit : « Vous trouverez » tout cela et vous ferez ce que vous jugerez convenable ; » mon fils est d'avis de s'en rapporter à vous. »

Un de mes premiers soins fut donc de réunir ses manuscrits, de les classer par ordre chronologique ; quelques-uns n'avaient pas de date ; il fallut leur en assigner une.

* Il me l'avait depuis quelque temps remis cacheté

Je trouvai deux volumes terminés en 1854, destinés à l'impression. C'est la collection de tout ce qu'il a pu recueillir de ses articles de journaux et de revues.

La préface me frappa, et, en me reportant à d'autres productions émanées de son esprit, je fus convaincu que ce serait remplir un de ses désirs que de mettre ses ouvrages à la disposition du public. M. Massiou fils eut la même certitude, et il me chargea de déposer à la bibliothèque de la ville de la Rochelle tous les manuscrits de son père.

Restait la forme sous laquelle la remise devait être faite.

Pardonnez-moi, Messieurs, d'entrer dans ces détails ; mais rechercher la volonté de ceux qui ne sont plus, la découvrir, l'exécuter, est une satisfaction que vous comprenez et qui apporte une grande consolation au cœur.

En réunissant mes souvenirs, en cherchant dans les paroles et dans les écrits de M. Massiou ses pensées les plus intimes, je reconnus qu'il avait désiré que la connaissance de l'auteur aidât à juger ses productions. Je me suis donc décidé à écrire sa biographie et à y joindre quelques détails sur ses ouvrages.

L'un des moyens en rapport avec les sympathies de M. Massiou lui-même, de faire connaître cette biographie, m'a paru être la lecture que je demande à en faire devant cette Société, à laquelle il participait de cœur et dont il n'est resté éloigné que parce que déjà la vie s'éteignait en lui, quand votre association commençait à naître.

S'il était nécessaire de vous faire sentir complètement tout ce que je viens de vous dire et de m'effacer, comme je le désire, derrière la volonté de mon regrettable ami, je vous citerais quelques passages qui prouveraient de la manière la plus évidente que je remplis ses vœux.

Il écrivait il y a un an à peine :

« Aux jours d'affaissement moral, alors que je sentais mes
» forces défaillir , il me suffisait , pour recouvrer tout mon
» courage, de songer qu'un temps viendrait où, en feuilletant
» ces pages parfois bien douloureuses, le lecteur reporterait,
» peut-être, sa pensée du livre à l'auteur et qu'ainsi je ne se-
» rais pas mort tout entier. C'est cet effroi de l'oubli que je
» m'étais efforcé, il y a déjà bien longtemps, d'exprimer , en
» le tournant et retournant sous toutes les faces , pour le
» rendre plus sensible , dans quelques vers qu'on trouvera à
» la fin de ce recueil et dont la donnée fondamentale est ré-
» sumée dans cette seule strophe :

> » Oh ! qu'il doit concevoir une pensée amère,
> » Le mourant qui se dit, songeant à l'avenir,
> » Je n'ai fait que passer comme une ombre éphémère,
> » Dans ce monde où de moi nul n'aura souvenir.

» En présence des aveux que je viens de faire, on concevra
» sans peine le motif qui m'a fait rassembler, coordonner et
» transcrire si patiemment les écrits dont ce livre est composé.
» On ne comprendra pas moins aisément le regret que me
» fait éprouver la disparition d'un grand nombre d'autres ar-
» ticles pareillement jetés à tous les vents de la publicité pé-
» riodique , et qui, par négligence, ou par accident, ne sont
» plus, depuis longtemps , en ma possession. La jeunesse est
» prodigue et dissipatrice ; elle éparpille et dissémine sans
» discernement. La vieillesse est économe et soigneuse ; elle
» amasse avec patience et conserve avec une sorte d'anxiété.
» Aujourd'hui que je me sens vieillir, que mes facultés, affai-
» blies par l'âge et la maladie, s'en vont , perdant de jour en

» jour leur ancienne puissance de production, j'ai songé avec
» amertume que tant de témoignages de ma rapide existence,
» jetés à profusion tout le long de ma route à travers la vie,
» allaient disparaître avec moi, et, ne pouvant en ressusciter
» un grand nombre déjà anéantis sans retour, je me suis pris
» à recueillir soigneusement, pour les préserver du même
» sort, le peu de vestiges de mon passage sur la terre,
» qu'avaient épargnés les vents qui balayent la poussière du
» chemin. »

Dans son testament, M. Massiou a encore « recommandé
» son souvenir à la mémoire de ceux qui l'ont aimé. »

Plusieurs d'entre vous ont été ses amis, tous ont apprécié
ses nobles qualités ; nous avons ici des camarades de sa jeunesse, plusieurs de ses collègues dans la magistrature et l'un
des professeurs auquel il conserva toujours la plus reconnais-
sante affection. (M. Dubois, ancien recteur.)

Cette section de l'Académie rochelaise a réalisé l'un des
projets qu'il avait formés et exposés en 1842.* Il démontrait
alors « qu'une association intellectuelle serait parfaitement
» placée à la Rochelle, qui, par cela même qu'elle est ville
» de commerce, est éminemment propre à devenir le siége
» d'une pareille institution. »

Enfin, c'est entre les mains de M. le Bibliothécaire de la
ville, qui est aussi notre Secrétaire, que je dois remettre les
manuscrits de l'historien de l'Aunis et de la Saintonge.**

* Journal la *Charente-Inférieure*, 6-10-24 novembre, Institut Rochelais.

** M. Massiou fils a, depuis, réclamé ces volumes, qu'il destinait à
l'impression ; ils lui ont été remis.

Tous ces motifs m'ont déterminé à faire cette remise pour ainsi dire sous vos auspices et à rendre en votre présence un dernier hommage à la mémoire de l'homme distingué que nous avons perdu.

Je m'efforcerai de faire renaître un ami dont je ne suis séparé que pour quelques années. Je serai vrai dans les moindres détails, ainsi que le commande le respect qu'il m'a toujours inspiré. Il a été de ceux dont la vie peut être mise au jour tout entière, car non seulement elle est pour lui un titre à l'estime publique, mais encore elle pourra servir d'enseignement à ceux qui veulent vivre dans le travail, la modération et dans une constante sincérité vis-à-vis d'eux-mêmes.

II.

Ses études. — Sa résolution d'être avocat.

Son droit & son mariage.

1800 à 1823.

Daniel Massiou est né à Rochefort le 30 décembre 1800.[*] Il précédait d'un jour le premier jour et les années du dix-neuvième siècle, dont l'esprit philosophique et littéraire préside à ses écrits. Son père était employé civil de la marine. C'est à L'Houmé, sur les bords de la Charente, qu'il passa son enfance, au milieu d'un pays fertile, à côté d'habitants paisibles. Ce ne fut qu'assez tard que son père se décida à lui faire suivre les cours du collége de Rochefort. Ce séjour au milieu des prairies laissa dans son esprit une impression pro-

[*] 9 nivôse an ix (30 décembre 1800). L'acte de naissance est du lendemain 10. Naissance à Rochefort de Daniel Massiou, à une heure du soir, fils de Pierre-François Massiou, employé civil de la marine, et de Marie-Catherine Raymond Gignon, mariés.

fonde ; on retrouve dans ses écrits plusieurs tableaux de la vie champêtre , et pendant tout le cours de sa vie il a profité de ses moments de loisir pour aller parcourir les sentiers témoins de ses premières impressions , aller revoir les bois et les jardins où il avait rêvé un heureux avenir.

Dès son début au collége , il se distingua par une aptitude particulière. Il apportait dans son travail une régularité, un ordre et une méthode qui dénotaient un esprit sérieux et résolu à bien faire. Ce fut vers 1819 qu'il fit à Poitiers sa dernière année d'études.

Pendant les derniers temps il avait fait de rapides progrès ; la langue latine lui était devenue familière, il avait réussi dans quelques essais de littérature et de poésie et avait acquis en histoire des notions plus étendues qu'à cette époque on n'en recueillait des cours des colléges.

Ses premières émotions de tendresse datent de ce dernier moment; il se sentait né pour aimer et pour étudier, pour vivre au milieu des champs avec des livres et une compagne adorée. Sa jeune imagination lui peignait une existence à part, qu'il n'est donné qu'à quelques-uns d'espérer et qu'à un plus petit nombre encore de réaliser , celle de la médiocrité dorée qui n'a nul besoin et nul désir, nul chagrin, nul devoir, et qu'il essaya de peindre dans une pièce de vers écrite en 1820 et qui a pour titre *la Vie champêtre.*

C'est Virgile qui l'inspire et qui lui fait écrire près de cinq cents vers après cette épigraphe :

> *Rura mihi et rigui placent in vallibus amnes*
> *Flumina amem sylvasque inglorius.*

(VIRGILE.)

De l'amoureux instinct suivant le doux langage,
Mille couples heureux ont dans le vert feuillage
Choisi le lieu secret, impénétrable au jour,
Où doivent reposer les fruits de leur amour.
Sur un duvet léger bientôt la jeune amante
A déposé les œufs, objet de son attente.
Tandis qu'à ses côtés, charmant au loin les airs,
Son amant la distrait par ses joyeux concerts.
Sous l'aile de l'amour, la discrète charmille
Voit éclore en son sein la nouvelle famille.

Après avoir décrit le printemps, les travaux du laboureur,
la chasse, les jardins et les fleurs, il s'écrie :

Spectacles ravissants, douce et simple innocence,
Oh ! combien sur mon cœur vous avez de puissance.
Quand pourrai-je avec vous couler en paix mes jours
Au sein de doux loisirs et de chastes amours ?

* *
*

Dieu puissant, mets le comble à ta bonté suprême,
Fais que je vive enfin près d'un autre moi-même.

* *
*

L'aimer serait le soin le plus doux de ma vie ;
Nos jours s'écouleraient sans trouble, sans envie,
Au sein de doux travaux, de plaisirs innocents.

* *
*

1820.

Nous verrions nos enfants courir dans la prairie,
Poursuivre avec ardeur le léger papillon ;
Avec le vif insecte effleurer le gazon,
Et, nous montrant de loin leur innocente proie,
Par de bruyants transports faire éclater leur joie.

La description du printemps devient celle du bonheur conjugal à la campagne :

> Et moi, sous mes crayons animant le vélin,
> Heureux dessinateur, je verrais sous ma main
> Un front pur appeler les baisers du zéphyre,
> Des lèvres de corail tendrement me sourire,
> S'entr'ouvrir de beaux yeux languissants de désir,
> Ivres de sentiments d'amour et de plaisir.
> Et plein d'un doux transport, contemplant mon ouvrage,
> De ma jeune moitié j'adorerais l'image.

Il revient à l'étude et termine ainsi :

> O vous qui poursuivez un bien-être menteur,
> Vous qui de la fortune attendez la faveur,
> Ah ! venez au hameau ; parcourez nos bocages ;
> Venez, le vrai bonheur habite les villages.

Il faut reporter à l'année 1819 une résolution bien différente pourtant, celle de suivre la carrière du barreau. Il était à Rochefort. Il lui fallait abandonner ses rêves et choisir un état. Indécis, n'ayant avec lui que le bagage de l'écolier, il suivait les mouvements de la foule ; aujourd'hui sur la place publique, demain dans l'arsenal, un autre jour au palais, partout enfin où une distraction se présentait. Un jeune avocat avait débuté quelques années auparavant et devait, disait-on, dans une affaire difficile donner une preuve nouvelle et décisive de son talent. La foule se pressait à l'audience, Massiou s'y glisse et, debout dans un des coins de la salle, il prête une oreille attentive à la lutte des deux adversaires. Un exposé net et clair, des arguments serrés, concis et qui paraissent sans réplique, font connaître à l'auditoire le sujet et l'importance de la cause. C'est un des membres les plus anciens du barreau qui, fort de son expérience, de son autorité, vient de fixer les points de la lutte, en y plantant vaillamment son drapeau. Un jeune homme se lève, il débute avec une réserve qui a l'apparence de la timidité, il émet avec respect quelques doutes sur les arguments et les appréciations de son confrère, il s'anime. Il prend corps à corps l'exposé et la plaidoirie de son aîné, modifie l'un, attaque l'autre; la parole sort avec abondance et facilité, et dans une éloquente conclusion il met à néant les arguments de son contradicteur, efface l'impression qu'avait faite son talent. L'auditoire est ému, Massiou sort transporté; il lui semble à lui, écolier sans expérience, qu'il suffit de se placer à la barre et là de déduire logiquement ses moyens; la facilité du jeune avocat a fait paraître la tâche facile à l'auditeur, le jeune Daniel s'écrie dans son enthousiasme : « Je veux être, je serai avocat. »

M. Mesnard, aujourd'hui vice-président du Sénat, avait produit sur un esprit d'élite, sur un cœur d'or, une impression assez vive pour décider tout un avenir. Malgré les trente-cinq années de succès du grand dignitaire, ce fait, s'il le connaît, doit être considéré par lui comme marquant l'un des plus beaux jours de sa carrière d'avocat.

En novembre 1819, Daniel se rendit à Poitiers de nouveau et fut admis à y suivre les cours de l'école de droit. Il n'était pas encore bachelier. L'année scolaire s'écoula partagée entre les travaux du baccalauréat et ceux de l'école de droit, sous le charme de la liberté à vingt ans. Il regrettait pourtant son séjour à L'Houmé. Si la lecture d'Horace le consolait un peu; si, en cherchant à l'imiter dans quelques essais de poésie, il détournait son esprit du séjour de son enfance, l'étude du droit ne lui donnait pas les mêmes distractions, et, malgré sa facilité à parler et à écrire en latin, il se sentait souvent pris d'accès entraînants pour les rives de la Charente.

Il nous a laissé de cette époque, outre *la Vie champêtre* dont nous avons déjà parlé, une imitation des odes 1, 7, 8 du livre Ier d'Horace. Bien que ces compositions soient d'un écolier, j'en citerai une, pour donner une idée des pensées qui agitaient ce jeune cœur et de la candeur de ses premiers sentiments.

LIVRE I, ODE 1. — A MÉCÈNE.

> Héritier du luth de Lesbos,
> Si la divine Polymnie
> D'une touchante symphonie
> Me faisait charmer nos échos ;
> Si mes extases poétiques
> Au nombre des chantres lyriques
> M'assignaient un rang glorieux,
> Mécène, en mon délire extrême,
> Je croirais au séjour suprême
> Porter mon front victorieux.

Les années 1821 et 1822 furent consacrées à l'étude du droit ; il fut successivement bachelier le 8 avril 1821, licencié le 28 août 1822. Ses impressions sont reflétées dans quelques pièces de vers. L'une d'elles, adressée à une illustre châtelaine, accuse un commencement d'études sérieuses du moyen-âge ; les autres sont l'expression d'un amour profond, dont son cœur conserva les douces émotions dans toutes les épreuves et jusqu'à la dernière heure de sa vie. Je ne reproduirai rien de ces morceaux qui ont pour titres : *Dépit. — Séparation. — Insomnie. — Abattement. — Constance. — Boutade.* Elles ont été recopiées par l'auteur lui-même en 1853 ou 1854, avec l'intention de les livrer à la publicité, et je reviendrai en temps utile sur le jugement qu'il en a porté au point de vue littéraire. L'amour, tel qu'il le sentait, était la vie commune de l'intelligence et du cœur. Les nobles sentiments, les inspirations élevées, les rêveries dans les promenades, le culte des arts, l'adoration des enfants, lui semblaient les plus doux liens. Il n'avait pas l'entraînement, l'impétuosité des passions de la jeunesse ; il avait plus, il avait le charme, la douceur des sentiments durables. Sa vie régulière, son caractère égal rendaient sa société facile. Ces qualités, il les possédait déjà quand il prit la résolution de se marier au sortir des bancs de l'école de droit, alors qu'il faisait encore son cours de doctorat. Il avait été inscrit au tableau des avocats le 4 décembre 1822 à Poitiers, et son mariage fut célébré le 8 avril 1823.

III.

Ses débuts d'auteur.

Révolution de 1830. — Fonctions publiques.

1823 à 1830.

Pendant sa première année de mariage, il continua à suivre les cours de l'école de droit, dans le but d'obtenir le grade de docteur. Il se pénétra tellement des leçons de ses professeurs et fit des études si consciencieuses qu'il entreprit de rédiger un manuel des *Institutes* de Justinien.

Les examens de droit romain se faisaient alors en latin, et nous étions encore éloignés du moment où les recherches des professeurs et des savants devaient résoudre les questions que présente la législation romaine. Pour quelques-uns d'entre nous il sera facile d'apprécier la valeur du premier livre que composa M. Massiou, en se reportant à l'année 1826. (Voir la préface de M. Ortolan, édition de 1827, *Institutes de Justinien*).

Il a pour titre : *Institutionum Imperatoris Justiniani syntagma, quo ordine lucido et hactenùs insolito principia juris civilis romani explanantur, ad usum cupidæ legum juventutis.*

Horace, son auteur favori, est invoqué par le jeune avocat.

Son livre porte pour épigraphe :

Tantum series juncturaque pollet. (Tant l'ordre et l'enchaînement ont de force.)

En disciple reconnaissant, il adresse la dédicace : *Almæ et consultissimæ Facultati Jurium Pictaviensi*, comme un gage de respect, d'attachement et de gratitude.

On sent à ses débuts le jeune auteur tout rempli de son œuvre, reportant le fruit de ses travaux aux leçons de ses habiles professeurs, et il y a tout à la fois, dans ce seul titre, la conscience d'avoir fait de son mieux et celle de ne prendre pour lui que la partie qui lui en revient, après l'hommage fait à la Faculté.

Ce petit ouvrage est écrit tout entier dans un latin clair et précis ; de plus habiles lui reprocheraient de manquer d'élégance, mais il s'agit de commenter les *Institutes*, publiées l'an 533 de Jésus-Christ, et non pas d'apprécier dans sa langue un discours de Cicéron.

L'auteur a été fidèle à son épigraphe.

Après avoir, dans une introduction, exposé l'histoire du droit romain dès son origine *, et être arrivé aux *Institutes* et à leur application dans une partie des Gaules ; il termine ainsi :

* *Habent sua fata leges.*

*At si in temporibus nostris jus romanum vim legis non ha-
beat, hoc tamen rationis scriptæ auctoritatem retinuit et huic
semper recurrendum est uti ad fontem præclarissimæ equitatis
sanissimæque doctrinæ.*

La table des *Institutes* est ensuite reproduite, et immédiatement suit une autre table : *Ordine lucido et hactenùs insolito,* comme le dit le titre.

Entrant dans les commentaires , notre avocat apporte à
chaque définition, à chaque explication la justesse qu'il possédait déjà ; il simplifie dès cette époque, comme il le fit seize
ans plus tard sur son siége de président, toutes ces argumen-
tations de détail où la science peut se plaire , mais dont la
probité et la sincérité s'empressent de se dégager, et que la
jeunesse ne peut aborder que guidée par un esprit droit et
ferme dans ses principes.

Chaque livre est suivi d'un tableau récapitulatif, et le volume
se termine par un résumé et par une table alphabétique.

Ce manuscrit, de 675 pages sans la table, a été écrit, en
1826, en entier de la main de M. Massiou et probablement
aussi broché par lui. C'est un volume complet.

Tel qu'il était, il eût été utile aux élèves auxquels il était
destiné. Les livres élémentaires étaient alors peu nombreux ;
c'est seulement depuis que les professeurs se sont plus particulièrement préoccupés de la difficulté que les étudiants ren-
contrent dans l'étude du droit romain. Le livre de M. Massiou,
publié alors, amélioré par des éditions successives, se fût en-
richi des conquêtes de la science ; il renfermait le cadre des
manuels publiés pendant les années qui suivirent, et nous ai-

mons à penser que, comme celui de M. Lagrange, il eût pu atteindre plusieurs éditions.*

Mais nous verrons plus tard que ce qui a manqué à M. Massiou pendant toute sa vie, ce n'est ni le travail, ni le talent, ni le mérite, mais seulement le théâtre et ce que l'on appelle le **savoir-faire**.

Ce livre revint à la pensée de son auteur dans les dernières années de sa vie. M. Massiou, malade, alla tirer d'un rayon élevé de sa bibliothèque cet enfant chéri de sa jeunesse, et, après l'avoir revu avec amour, il se sentit pris d'une passion ardente pour ce fruit de ses premiers travaux. Il lui sembla que l'écriture n'était pas digne du début; le format n'était pas non plus celui qu'il eût désiré, la date même était omise. Alors il se remet à l'œuvre et entreprend de recopier, d'améliorer ce commentaire. A mesure qu'il avance, il se complaît dans l'ordre méthodique, dans la simplicité de son livre ; il craint de lui enlever le cachet de sa jeunesse et il se borne à le reproduire en calligraphe.

Je remets ici tout à la fois et l'original et la copie, pour que vous puissiez les comparer.

Mais, hélas! cette copie n'est point achevée, elle cesse à la 113e page, et atteint la 119e de l'original. Ainsi pour nous se montrent rapprochés le début et la fin de cette carrière dont nous ne connaissons encore que le premier pas.**

* Le manuel de M. Lagrange est à sa huitième édition. 1855.

** M. Vignaud m'a dit qu'il pensait que le commentaire des *Institutes* avait été imprimé à Poitiers.

Cette copie s'explique , même après l'impression , par le désir qu'il

Le droit romain n'est pas la seule occupation du jeune débutant. Depuis plusieurs années, il est l'un des visiteurs assidus de la bibliothèque publique ; il recherche les manuscrits, parcourt cette vieille cité des Poitevins, riche en souvenirs, et, au milieu des joies que lui donnent les découvertes bibliographiques, il conçoit le projet d'écrire l'histoire de son pays. Il ne sait pas encore comment se formeront ses volumes, comment se modifieront ses résumés, mais il copie, il rassemble des matériaux.

Dès les premiers pas il rencontre une difficulté, les expressions des auteurs français qui ont précédé le quinzième siècle sont pour lui d'une interprétation difficile. Il n'est pas de ceux qui se laissent arrêter ; il profite de cet obstacle pour en tirer parti et il se met à rédiger « un vocabulaire féodal, choix d'ex-

avait de laisser cet ouvrage dans le même format que ses autres manuscrits. (Voyez page 31, au bas.)

En parcourant la bibliographie du droit romain, on demeure assuré que ce n'est qu'après 1826 qu'ont été publiés les commentaires le plus à la portée des élèves. (Voyez la fin de l'introduction du manuel de Lagrange.)

Les meilleurs auteurs allemands, Niebuhr notamment, étaient fort peu connus.

La copie contient des corrections.

Elle n'a pas la deuxième table ; probablement M. Massiou l'eût reportée à la fin.

La copie s'arrête à la page 119. Elle était marquée dans le livre par la carte de M. Charpentier fils. Cette carte avait probablement servi de marque depuis le jour où la copie avait été commencée. En outre, le papier de cette copie est celui employé vers 1852 dans d'autres manuscrits. Ce concours de circonstances nous fait assigner le commencement de la copie à l'année 1852 ou, au plustôt, fin 1851. A cette époque, la maladie de l'auteur était déjà très-douloureuse.

» pressions appartenant à la langue des xie, xiie, xiiie et xiv^e
» siècles, tirées des meilleurs auteurs et rangées par ordre
» alphabétique. »

Il y ajoute aussi « les expressions inusitées dans le langage
» commun et employées par l'école romantique. »

La composition de cet ouvrage d'ordre et de compilation
eut l'avantage de le familiariser avec la signification des mots,
de lui en faire connaître la valeur exacte.

Ce petit manuscrit, qu'il nous a laissé et que je remets ici,
a été écrit au fur et à mesure que dans ses recherches M. Massiou trouvait les mots qu'il jugeait utile d'y insérer. Mais nous
en reportons le commencement vers l'année 1826. La forme
de l'écriture des premières lignes sous chaque lettre nous
permet de croire cette date exacte. Ce n'est déjà plus l'écriture
de 1823, qui sur ce même livret se trouve sur le verso de la
couverture (livret appartenant à M. Massiou, avocat) ; ce sont
déjà les lettres bien régulières et bien formées que l'on trouve
vers 1826 dans les pages de l'auteur.

Ce vocabulaire n'a point été destiné à l'impression ; c'est un
recueil utile, mais qui avait surtout de l'importance pour
M. Massiou. Comme certains ouvriers fabriquent des outils
appropriés à leur genre d'habileté, ce livre avait été composé
pour servir d'instrument à l'esprit et la mémoire de l'historien.

Quand il eut réuni un nombre suffisant de matériaux,
M. Massiou commença à résumer certaines époques, à peindre
certains faits et certains caractères. Il lui fallut alors méditer,
juger, résumer. Une nouvelle difficulté se présenta.

En effet, si son vocabulaire lui permettait de décrire les costumes, les batailles, les monuments, les cités ; s'il pouvait reconstruire la partie que j'appellerai matérielle de l'histoire ; si dans ses lectures et dans ses notes il trouvait plus encore les mœurs, l'esprit, le génie de chaque cité, de chaque époque ; il lui restait à juger les hommes et les faits. Quels seront les principes, les convictions, avec lesquels il pourra apprécier, blâmer ou approuver ?

Il n'avait peut-être jamais senti jusque-là la nécessité de fixer ses principes, nécessité qui devenait impérieuse pour l'écrivain.

Il résolut donc de faire une étude sérieuse et profonde de l'Ancien et du Nouveau Testament, et, suivant sa méthode, il voulut qu'il restât une preuve de ce travail. C'est à ces recherches, à ces méditations que nous devons un manuscrit dont le plan est suffisamment tracé, mais qui n'a pas été transcrit en entier et qu'il intitula :

Les Fleurs de la Bible, des Prophètes et des Apôtres, choix de maximes tirées de l'Ancien et du Nouveau Testament. — Traduites en français et disposées, selon l'ordre de l'alphabet, par D. Massiou, à l'usage des gens du monde.

Avec cette épigraphe :

Omnis Scriptura divinitùs inspirata et utilis ad doctrinam, ad redargutionem. (Paul. ad Timoth., II, 3.)

(Fruit d'une inspiration divine, l'Écriture sert à nous instruire et à nous corriger.)

Ce manuscrit n'est pas terminé, mais des notes que l'auteur

a laissées et quelques lectures me permettront de l'achever à partir du mot *ingratitude* où la copie s'est arrêtée.[*]

Tels sont les deux instruments que l'écrivain construisit et dont il s'arma pour découvrir et juger le passé.

Aussitôt qu'un moment de loisir arrivait, il parcourait les campagnes de la Saintonge, allait visiter les monuments et les lieux célèbres dans l'histoire, interroger les derniers vestiges laissés sur le sol. Ce fut dans ces excursions historiques qu'il dessina quelques-uns des châteaux les plus importants de ces contrées et qu'il en retraça les plus riants paysages.

Un petit nombre de ces dessins nous sont restés ; ils ne sont précieux que pour son fils qui a désiré les conserver.

La vie de l'avocat eût donc été plutôt celle d'un écrivain, heureux chez lui par les ressources de son intelligence, si une entrave incessante n'eût arrêté ses élans ; les devoirs impérieux du père de famille étaient nés avec les causes de son bonheur ; il lui fallait un état dont le produit augmentât ses faibles ressources.

Il avait cherché vers 1827 à débuter au barreau de la Rochelle, mais il ne voulut pas y attendre du temps ce qu'il croyait pouvoir obtenir de son instruction seule.[**] Il se rendit à Rochefort[***], où il trouva aussi la barre occupée par des avo-

---

[*] Cette copie peut dater de 1845, mais certainement les matériaux avaient été rassemblés dès 1825 à 1826, époque à laquelle déjà il prend des citations de la Bible pour épigraphes de pièces de vers.

[**] Voir sa lettre à M. Lesson.

[***] 1er novembre 1828. — Son loyer commence.

cats qui s'étaient depuis longues années recommandés par leurs talents.

Cependant il se fit inscrire le 18 novembre 1828 sur le tableau de l'ordre. Mais comme il fut peu occupé par les affaires du palais, il prit la résolution d'ouvrir un cours de droit commercial, à l'exemple de ceux qui existent en Allemagne. Le conseil royal de l'instruction publique, dans sa séance du 7 novembre 1829, lui donna son autorisation.*

Il professa avec la plus scrupulense exactitude et se perfectionna dans l'art de bien exposer et de parler élégamment, talent qu'il ne cessa de cultiver et qui dans les dernières années de sa vie était devenu si remarquable.

C'est à ces leçons que nous devons un livre publié à la Rochelle en 1838, par l'imprimeur Mareschal, sous le nom de *Cours élémentaire de législation commerciale*

C'est un commentaire, article par article, du Code de commerce, ouvrage utile sans doute, mais auquel il manque les citations de la jurisprudence des tribunaux. Pour un livre pratique, qui s'adresse surtout à des personnes peu habituées à l'étude du droit, il faut citer des exemples nombreux. La logique, quelque inflexible qu'elle puisse être, quelque satisfaisante qu'elle puisse paraître, est insuffisante pour les exceptions qui se présentent surtout en matière de commerce.

Mais si le lecteur veut examiner cet ouvrage à un autre

---

* Il demeurait rue des Trois-Maures, nº 4. Son loyer était de 400 francs par an.

Le prix du cours était de 100 francs par an, payables d'avance.

point de vue, il trouvera de fréquentes occasions de le considérer comme l'œuvre d'un esprit droit, d'un écrivain instruit et élégant.

Il faut cependant le reconnaître, le génie de M. Massiou ne le portait pas particulièrement vers l'étude du droit : si son intelligence élevée, sa saine raison, aidées par des études consciencieuses, en ont fait plus tard un magistrat éminemment utile et honorable, il ne trouvait pas un grand attrait à commenter les articles du code, non plus qu'à exposer une difficulté de droit. L'étude du droit romain devait lui être plus sympathique, car elle comporte une profonde instruction historique ; mais un commentaire des sociétés commerciales, des faillites, des banqueroutes, un traité du commerce maritime et des billets à ordre pour un historien, c'était lui demander le sacrifice de ses entraînements naturels.

Nous ne voudrions pas par des suppositions, quelque vraies qu'elles nous paraissent, commettre une erreur, mais il nous semble, au milieu de ces tentatives de publications d'ouvrages, d'ouverture de cours, d'études si diverses, reconnaître, une fois de plus, la sphère étroite dans laquelle est forcé de se mouvoir, celui qui à son début n'a ni parents, ni protecteurs, ni nom à invoquer. Nous savons qu'à cette époque surtout (1829) M. Massiou, malgré toutes ses qualités, malgré toute son aptitude, avait fait beaucoup d'autres tentatives pour s'ouvrir une carrière et n'avait pas réussi.

Ce qui est certain, c'est qu'il eut alors des moments de découragement qui lui inspirèrent des pages bien tristes et qui furent pour lui comme une préparation aux difficultés et aux douleurs qu'il devait rencontrer dans le cours de sa vie.

Mais loin de rester soumis à ces cruelles épreuves, il se re-

levait tout-à-coup, animé d'une force nouvelle, et reprenait la
suite de ses recherches pour l'histoire qu'il avait projetée. Les
consolations qu'il trouvait dans ce travail incessant, l'énergie
qu'il y développait, remplacèrent dans son esprit les inquiétudes
de la vie réelle par l'espérance enivrante de « *léguer son nom
à la postérité.* » Il s'absorba alors tout entier dans cette
pensée et il en poursuivit l'accomplissement avec une activité
et une constance qui lui ont donné la réputation d'un béné-
dictin. Il était à l'œuvre du matin au soir ; autour de lui les
notes s'accumulaient, les documents abondaient, et au moment
où il sentit qu'il pouvait arriver au but, il prit la ferme résolution de se livrer complètement à son œuvre.

Il l'a dit lui-même dans les vers qui suivent, adressés à la
Charente :

1830.

Travaillons, hâtons-nous, l'heure fuit, le temps vole.
Léguons notre mémoire à la postérité.
Ne laissons pas rouiller dans un loisir frivole
L'outil qui doit fonder notre immortalité.
Quand, ayant dépouillé son écorce grossière,
L'oisif est au cercueil dans l'ombre enseveli,
De lui que reste-t-il ? Une vaine poussière,
Balayée aussitôt par le vent de l'oubli.
Pourtant sous cette écorce il y avait une âme,
Feu sacré, mais hélas ! d'un froid mortel atteint,
Qui voulait au dehors jaillir en traits de flamme
Et fut dans son foyer par la matière éteint.

C'est dans cette même année 1830 qu'il composa la dernière pièce de vers qu'il nous ait laissée. Il y annonce sa résolution d'écrire l'histoire de son pays.

> Je te revois enfin, vagabonde Charente.
> A ton aspect toujours je sens battre mon cœur.
> Oh ! laisse-moi m'asseoir près de ton onde errante
> Et de tes bords fleuris respirer la fraîcheur.
> Ici tout vient parler à mon âme attendrie :
> Chaque pas me ramène aux plus doux souvenirs ;
> Il n'est pas un roseau de ta rive chérie
> Qui n'ait été témoin de mes premiers plaisirs.
> C'est toi qui m'inspiras, lorsque ma voix timide
> Pour la première fois modula quelques vers ;
> Je reposais au bord de ton onde limpide
> Et tu fus le sujet de mes premiers concerts.
> Aujourd'hui, plus hardi, sans être moins novice,
> De mon luth ignoré j'ose élever les sons.
> Beau fleuve, à mes efforts sois encore propice,
> Je viens te demander de plus doctes leçons.
> Des temps qui ne sont plus évoquant la mémoire,
> Je veux de nos aïeux célébrer les exploits ;
> Je veux, de mon pays ressuscitant la gloire,
> Disputer à l'oubli le vieux nom saintongeois.
> Sur les créneaux moisis des nobles citadelles
> Je veux voir arboré le pennon féodal ;
> Sous les sombres arceaux des gothiques tourelles
> Entendre des combats proclamer le signal.
> Je veux voir s'agiter les ondoyants panaches,
> Reluire les hauberts, flotter les gonfanons,
> Entendre se heurter les piques et les haches,
> Hennir les palefrois, résonner les clairons.
> Au bruit du fauconneau tonnant sur la muraille,
> Je veux voir des guerriers les escadrons poudreux
> Se charger, en criant au fort de la bataille :
> Montjoie et Saint-Denis ! Honneur aux fils des preux !

> Toi donc qui sans vieillir as vu de nos ancêtres
> Les générations naître et s'anéantir ;
> Qui, debout au milieu du naufrage des êtres,
> N'as pas connu l'abîme où tout va s'engloutir ,
> Fleuve immortel. . . . .
> Imprime à mes tableaux le cachet du génie,
> Principe créateur, souffle émané des cieux,
> Donne à ma faible voix une noble harmonie,
> Inspire-moi des chants dignes de nos aïeux.

Mais avant d'indiquer et d'examiner les travaux historiques de M. Massiou, nous devons dire un dernier mot sur ses poésies dont nous avons fait quelques citations.

Il savait bien que « ces peccadilles de jeunesse » n'avaient pas grande valeur, et malgré cette appréciation il continua, de 1820 à 1830, à se livrer à ce genre de composition. Il est facile de voir qu'il n'y avait pas une grande aptitude, et on n'explique cette persévérance que par la société qui l'entourait. Parmi ses camarades de l'école se trouvaient Charles Dovalle , né à Montreuil-Bellay en 1807 et mort à vingt-trois ans (en 1830), à Paris ; les familles Thomé et Thibaudeau, auxquelles il s'était allié , et quelques-uns de ses amis cultivaient également la poésie.

Lorsque M. Massiou rechercha et recopia ses vers en 1854, il leur consacra quelques mots dans la préface des deux volumes dont j'ai parlé. Je laisserai l'auteur arrivé à cinquante-quatre ans juger les œuvres de sa vingt-cinquième année.

» Puisque je suis à cette quatrième partie, je ne puis, bien
» qu'il en coûte à ma vanité, esquiver un mot d'explication
» au sujet des innocents essais qui la terminent sous le titre
» par trop prétentieux de *poésie*. Cela n'est pas bon, je n'en

» puis disconvenir. Mais qu'en pouvais-je faire ? Les sup-
» primer ? C'était faillir à la pensée fondamentale de ce livre,
» destiné à recueillir jusqu'aux moindres vestiges de mon pé-
» lerinage humain. Les rajeunir par une retouche ? Dieu m'en
» préserve ! On me rendra, du moins, la justice de reconnaître
» que, du jour où, parvenu à l'âge de discernement, j'ai com-
» pris l'inanité de ce métier d'enfileur d'hémistiches et de
» quêteur de rimes, je me suis hâté d'y renoncer pour n'y plus
» revenir. Si j'avais besoin d'excuse pour ces peccadilles de
» jeunesse, dont je suis le premier à m'accuser , je la trou-
» verais dans le cachet littéraire du temps où elles furent com-
» mises, parmi cette génération de plats versificateurs qui
» faisaient école au commencement du siècle et dont on ne lit
» plus les insipides productions qu'avec un mortel ennui. »

A partir de sa trentième année, en effet, M. Massiou n'essaya plus d'aucune poésie.

L'année 1830 devait apporter un notable changement dans l'avenir du professeur de droit. Le jour de la récompense était arrivé. Les motifs qui avaient fermé à M. Massiou la carrière de la magistrature quelques années plus tôt, devenaient un titre de recommandation, après la révolution du mois de juillet 1830.

L'opinion publique le désigna comme un des hommes les plus dignes de faire partie des nouvelles promotions dans les parquets. Dès le 11 octobre 1830, il fut nommé substitut du procureur du Roi à Rochefort.

Je ne pense pas que M. Massiou se soit occupé ouvertement de politique au moment où toutes les têtes étaient si exaltées. Rien dans ses ouvrages, rien dans ses discours ne m'a fait croire qu'il se fût laissé entraîner par cet impétueux courant qui a brisé la dynastie de la branche aînée, et je suis même porté à penser qu'il était, dès cette époque, modéré et réservé, en même temps qu'il était inspiré des idées de progrès et d'amélioration, tel qu'il s'est montré plus tard quand il devint publiciste. Dès ce moment s'ouvre une phase nouvelle et décisive : l'historien s'est annoncé, le magistrat est placé sur son siége ; c'est sous ce double aspect que nous verrons dorénanavant M. Massiou.

IV.

Rochefort. — Sables d'Olonne. — La Rochelle.
Occupations littéraires et historiques. — Histoire de l'Aunis
& de la Saintonge.

1830 à 1840.

M. Massiou se fit promptement remarquer dans ses nouvelles fonctions et fut noté si honorablement que sept mois
s'étaient à peine écoulés (14 mai 1831), lorsqu'il fut appelé
à diriger le parquet des Sables-d'Olonne.* Pour la première
fois il avait la responsabilité de fonctions difficiles dans des
conditions exceptionnelles. Les épreuves qu'il avait subies
avaient développé son énergie, il était habitué à une vie d'ordre

* Il préta serment à Poitiers le 27 mai et se rendit seul à son poste
le 1er juin. Ce ne fut qu'un mois après que sa femme et ses enfants
vinrent l'y rejoindre.

et d'économie ; ces qualités, jointes à un caractère honorable et à une droiture à toute épreuve, devaient l'aider à remplir sa mission. Mais il lui fallait plus encore.

La Vendée s'agitait comme en 1791, les premiers symptômes de résistance se manifestaient, les promesses exaltaient l'ancienne fidélité de cette province aux Bourbons de la branche aînée, des bandes s'organisaient sous l'impulsion de quelques grands propriétaires et sous l'influence de noms devenus populaires dans la première guerre civile. Le gouvernement envoya des régiments éprouvés, sous la direction d'officiers énergiques, et il y eut des engagements partiels dont le souvenir est présent à vos esprits et qu'il n'entre pas dans mon cadre de retracer.

Le chef du parquet des Sables se portait successivement partout où il y avait un danger à prévenir, des hommes égarés à éclairer ou des coupables à rechercher et à poursuivre. C'est ainsi que nous le voyons à la Burcerie le 3 juillet*, à Palluau le 8 septembre.

Mais bientôt le bruit se répand que la duchesse de Berry, d'abord partie d'Écosse, s'était rendue en Italie au palais de Massa, chez le duc de Modène, et qu'elle venait de débarquer en France.** On assure même que, découragée par un insuccès, elle a abandonné les environs de Marseille et le Midi et se rend au château de Plassac, près Saintes, dans le but de seconder par sa présence le mouvement de la Vendée et de tenter un effort suprême en faveur de son fils.

* 1831.

** 1832.

C'est au 24 mai 1832 qu'est fixée la prise d'armes. La duchesse est dès le 17 mai à son poste, au château de Preuille, près de Montaigu. L'insurrection se répand en Bretagne et en Vendée, et une sourde rumeur annonce que dans ces engagements un jeune paysan, que ses amis appellent Petit-Pierre*, et auquel on attribue un pouvoir souverain, donne l'exemple du courage, excite et dirige, suivant les chances de ses escarmouches, l'attaque ou la défense.

De nouveaux devoirs naissent pour les représentants de la justice, le procureur du Roi des Sables se montre infatigable. Ce ne sont plus seulement pour lui des excursions et des informations judiciaires, ce sont de véritables campagnes, à cheval, à la tête des troupes, au milieu des officiers dont il partage les dangers. Un jour, au port la Claye, une lutte sérieuse s'engage, les balles sifflent, et c'est au milieu des morts et des blessés qu'il commence son instruction. Les insurgés n'ont pas encore déposé leurs armes qu'ils sont déjà devant le magistrat qui doit les interroger.

On l'a dit souvent ; le courage civil, sans aspirer à la gloire qui couronne l'héroïsme du soldat, mérite pourtant d'être apprécié bien haut. Se défendre les armes à la main, attaquer avec résolution alors qu'il faut vaincre ou succomber, calculer même avec sangfroid au milieu du danger les moyens propres à assurer le succès d'une bataille, sont de grandes preuves de bravoure ; mais, au milieu des mêmes dangers partagés sans prendre part à l'action, suivre avec résolution les traces d'un complot, découvrir les noms des chefs, le point de départ des ordres, distinguer les hommes égarés, marcher droit aux ins-

---

* C'est le nom que l'on donnait à la duchesse déguisée en homme.

tigateurs, c'est faire preuve aussi de courage et de dévouement à la patrie.

M. Massiou fut à la hauteur de ces nouveaux devoirs auxquels il semblait ne s'être jamais préparé ; au jour du danger il se trouva prêt à l'affronter sans ostentation et sans faiblesse, et, quand la lutte s'apaisa, on se rappela sa fermeté sage et mesurée, la confiance qu'il avait inspirée en ne mettant dans ses poursuites ni passion ni esprit de parti.

Il considérait cette époque de sa vie comme celle où il avait acquis ses titres les plus réels dans la magistrature. Un de ses collègues les apprécia sur sa tombe.[*] Après lui, nous ne pouvions que rappeler ici quelques circonstances qui n'étaient pas bien connues.

Mais, grâce aux mesures auxquelles M. Massiou avait participé, avant la fin de 1832 la Vendée était pacifiée. Trois ans s'écoulèrent encore jusqu'au moment où il fut appelé à venir remplir à la Rochelle les fonctions de juge d'instruction. Ces trois années lui rendirent quelques loisirs dont il avait été privé depuis son arrivée aux Sables, et il en profita pour continuer avec plus d'ardeur ses travaux historiques, qu'il n'avait jamais du reste interrompus complètement.

Je ne trouve aucune publication avant le mois d'août 1834, époque vers laquelle il adressa à la Société des Antiquaires de l'Ouest, à Poitiers, un mémoire sur la cité des Pictons et des dessins de la Pierre-Levée et de l'église de Sainte-Radegonde.

Cet envoi le fit connaître de divers savants, et bientôt,

---

[*] M. Chaudreau, qui lui succéda aux Sables et qui était procureur impérial à la Rochelle.

soit par de nouveaux travaux détachés de son Histoire, soit par la publication d'articles spéciaux sur certains sujets, sa réputation s'étendit, et un grand nombre de Sociétés s'empressèrent de lui proposer le titre de membre correspondant.

C'est ainsi qu'outre le mémoire sur la cité des Pictons, ses études sur les antiquités romaines de Saintes publiées dans le Bulletin de la Société des Antiquaires de l'Ouest* et la lecture de sa notice sur la ville de Saintes lui valurent le titre de membre titulaire de cette Société. **

Le 7 novembre 1834, il est nommé membre correspondant de la Société des Antiquaires de la Morinie (Saint-Omer).

M. de Caumont, qui occupe encore aujourd'hui une place élevée dans l'impulsion et la direction des études intellectuelles en province, sut apprécier M. Massiou dès ce début, et lui exprima toute sa sympathie pour ses productions dans une lettre du 7 mars 1835.

A peine arrivé à la Rochelle où il venait d'être nommé *** , il reçut les brevets de membre des Sociétés suivantes :

Antiquaires de la Normandie **** ;

Institut historique ***** ;

---

*   1835, avril.

**   22 janvier 1835. Lettre du Président.

***   Avril 1835.

****   17 avril 1835.

***** 20 mai 1835.

Description et conservation des monuments[*] ;

Littérature, sciences et arts de Rochefort[**].

De tous côtés arrivent également des félicitations et des demandes d'articles pour les revues et les journaux.

Ce fut surtout au recueil intitulé : *l'Art en province* et fondé à Moulins par M. Allier[***], qu'il envoya de 1835 à 1850 ce qu'il appelait *les fleurs cueillies* sur sa route. Il se laissait entraîner dans ses lectures aux distractions si nécessaires pour reposer l'esprit dans des recherches sérieuses. Un sujet gracieux ou intéressant lui apparaissait-il, bien qu'il ne pût trouver place dans son ouvrage principal, il se plaisait à le traiter à part. Tantôt c'était comme une préparation à certains passages de son Histoire et comme un essai du style à employer ; d'autres fois, si le sujet l'entraînait, il en faisait une nouvelle où il mêlait la fantaisie à la vérité.[****]

[*] 1835.

[**] 25 février 1836.

[***] Voir la lettre de celui-ci du 1er juillet 1835. Il est décédé peu de temps après.

24 octobre 1846. Lettre du nouveau rédacteur.

[****] Voici les articles insérés dans l'*Art en province* :

1835. 5e livraison, juillet. — *Les Troubadours saintongeois* (Extrait de l'*Histoire de l'Aunis*).

1835. 7e livraison. — *La Fontaine Sainte-Eustelle* (Reproduite dans *Pasticcio*).

1836. Novembre. — *Bernard Palissy* (Idem, manuscrit de 1854 et *Charente-Inférieure* du 7 avril 1844).

1836. 23e livraison. — *La Fosse aux Moines*.

1837. Avril. — *La Pêche empoisonnée*, épisode du règne de Louis XI (Extrait de l'*Histoire de l'Aunis et de la Saintonge*).

D'autres publications, au nombre desquelles il faudrait retrouver *Charlotte de la Trémouille, princesse de Condé**, ont
certainement été insérées dans des journaux et seront découvertes plus tard. **

Mais il faut se hâter d'arriver à la publication de l'*Histoire
de l'Aunis et de la Saintonge.*

Dans une lettre du 8 juillet 1826 adressée à M. Lesson, son
beau-frère, M. Massiou, après avoir parlé de son *Traité de
droit romain*, ajoute :

1837 (août) et 1838. — *Antiquités celtiques et gallo-romaines*
(page 71, *Histoire*).

1838. Février. — (Page 92, id.).

1838. Juillet. — *Monuments de la Charente-Inférieure* (Moyen-
âge).

1838. Juillet. — *Auson et sa villa.*

1840. — *Une Conversion* (Reproduite dans *Pasticcio*).

1841. 4e livraison. — *De l'étude de l'archéologie dans les séminaires*
(et manuscrit de 1854).

1842. 7e livraison. — *Une Page de Bernard Palissy.*

1844. — *Forêt d'Essouvert* (Reproduit dans *Pasticcio*).

1844. — *Urbain Grandier* (Id.).

1849. 2e livraison. — *Des Duels judiciaires ou gages de bataille au
moyen-âge* (et manuscrit de 1854).

1850. 2e livraison et suivantes. — Suite et fin (manuscrit de 1854 ,
avec un chapitre inédit).

* J'ai lieu de croire qu'on la retrouverait dans le journal la *Charente-Inférieure.*

** *Pucelle d'Orléans.*
Robert d'Orbrissel.
Wellington à Waterloo.
Champ-dolent et Champ-fleury.

« Depuis que ce travail est achevé , il me semble être né
» pour une nouvelle existence ; la littérature occupe à présent
» tous mes instants. Je vais travailler en commun avec
» Edouard * à une grande histoire de la Saintonge, dont vous
» savez que j'ai conçu le projet depuis longtemps. »

Cette date de 1826 justifie l'assertion contenue dans la préface du sixième volume, écrite en 1839 et publiée en 1840 :
« Lorsque nous entreprîmes il y a quatorze ans, etc. »

Dès 1836, la plus grande partie des cinq premiers volumes
était écrite ; les quatrième et cinquième surtout étaient
complets et il songeait sérieusement à les publier. Il pensait
que les seizième et dix-septième siècles , comprenant les
guerres de religion, seraient mieux accueillis du public et
trouveraient un plus grand nombre de lecteurs.

M. Raïssac, imprimeur à Marennes, fut chargé de l'impression. Ce ne fut que plus tard, en 1838, que M. Mareschal, im-
primant les trois premiers volumes, fit ajouter la première
feuille aux deux autres, et qu'ainsi les cinq volumes furent
réunis sous le nom du même imprimeur.

Cet ensemble comprend l'histoire jusqu'à la révocation de
l'édit de Nantes.

Le premier volume est consacré presque tout entier à la
description géographique, à l'étude des monuments historiques de l'Aunis et de la Saintonge et ne paraît avoir été entièrement terminé que le cinquième.

* Thomé, son beau-frère.

En 1840 fut publié le sixième volume comprenant depuis 1789 jusqu'à 1815. Au sujet de la lacune de 1685 à 1789, M. Massiou s'exprime ainsi dans sa préface : « Notre dessein
» était de suivre l'ordre des temps sans interruption aucune,
» ainsi que nous l'avions fait jusqu'ici, mais en revoyant la
» partie de notre manuscrit qui embrasse le temps écoulé
» depuis la révocation de l'édit de Nantes jusqu'à la Révolu-
» tion française, nous avons été frappé de la stérilité de cette
» période d'un siècle, et, dans l'intérêt de nos lecteurs, nous
» avons cru devoir la franchir pour arriver sans retard à
» l'époque la plus dramatique et la plus importante de nos
» fastes nationaux. . . . . Nous nous bornerons à
» fondre dans les notes qui termineront ce volume, ceux de
» nos documents relatifs aux temps immédiatement antérieurs
» à la Révolution qui nous sembleront offrir quelque intérêt. »

L'*Histoire de l'Aunis et de la Saintonge* est le travail le plus long qu'ait entrepris M. Massiou. Déjà l'on prévoit qu'à son nom se joindra celui « d'historien de l'Aunis et de la Saintonge ; » malgré cet hommage à sa mémoire, je partage aujourd'hui l'avis de l'auteur lui-même que ces six volumes ne sont pas son meilleur ouvrage.

La première appréciation de cette Histoire émane de M. Charles Labitte et a été insérée dans la *Revue des Deux-Mondes* du 1er novembre 1838 et reproduite dans le journal la *Charente-Inférieure* du 11 novembre 1838. Ce jugement est tout entier favorable à l'auteur, dont on loue le style élégant et le travail consciencieux.

Une seconde appréciation, qui fit un certain bruit et qui portait sur l'esprit qu'on supposait à l'auteur, est l'espèce d'index qui émana de l'Évêque de la Rochelle dans un mandement de cette époque.

C'est en examinant comment M. Massiou réunit ses matériaux, comment il les assembla, c'est en lisant attentivement son livre que nous pourrons nous former nous-mêmes une' idée de ses qualités et de ses imperfections.

J'apporte ici les nombreux extraits écrits en entier de la main de l'auteur et copiés dans les ouvrages qu'il a lus. Ces extraits, classés par ordre chronologique, forment le canevas de l'*Histoire de l'Aunis et de la Saintonge*. Je les ai lus il y a peu de jours en même temps que l'Histoire elle-même et me suis assuré que M. Massiou, en y ajoutant d'autres documents pris sans doute au moment même de la rédaction dans les imprimés et en les liant ensemble par des réflexions et des traductions qui lui sont propres, avait ainsi formé son ouvrage.

Quelques descriptions de combats, quelques épisodes plus particulièrement intéressants, ont été l'objet de rédactions à part intercalées à leur place.

L'ouvrage est sans préface, sauf une seule ligne indiquant où en était l'histoire des deux provinces avant sa publication.

On remarque plus particulièrement comme annonçant les idées personnelles de l'auteur la fin du cinquième volume, et encore est-ce seulement dans ses deux dernières pages. Elles font regretter par la hauteur des pensées une appréciation des seizième et dix-septième siècles qui eût pu être plus détaillée.

La partie géographique et descriptive qui remplit le premier volume presque tout entier et qui paraît n'avoir été entreprise par l'auteur que vers 1834, c'est-à-dire comme annexe à l'idée première, ne réunit pas toutes les conditions d'exactitude exigées en pareille matière.

Le sixième volume, au contraire, écrit sans doute en 1839, paraît être sorti d'un seul jet, d'une même idée et d'une plume exercée. Son homogénéité contraste avec l'ensemble de ses aînés.[*]

Il nous est impossible de ne pas regretter que M. Massiou ait négligé le dix-huitième siècle ; il manquait de matériaux ; les cinq premiers volumes n'avaient pas eu tout le succès qu'ils méritaient. Il fut découragé et vit, comme il le dit, que le dix-huitième siècle présenterait peu d'intérêt au lecteur. Cette crainte était la suite d'une déception momentanée. — Outre l'état des protestants en France pendant cette période, état qui reste encore à bien définir, le progrès accompli par les écrivains du siècle de Louis XIV, les luttes scientifiques et l'esprit philosophique qui ont eu successivement tant de faveur et tant d'influence, après les progrès littéraires, ont été pour nos provinces la cause d'un mouvement politique et intellectuel digne d'une longue étude. — Pour la Rochelle, la fondation de son Académie, venue à la suite des conférences de Valin, les notes historiques du père Jaillot, encadrées et mises au jour par Arcère, l'origine de la Société d'agriculture, les relations commerciales avec les colonies, les expéditions de la traite des noirs, et l'esprit même de cette société rochelaise dont une partie devait son luxe à ce genre de commerce, — demandaient à être connus et appréciés. — Pour Rochefort, ville natale de l'auteur, elle présentait plus d'intérêt encore, puisqu'elle s'est développée pendant ce siècle.—Enfin, nos deux provinces, pendant ce temps, avaient

[*] Depuis que cette notice a été écrite, il m'a été affirmé par un des membres de la famille que M. Edouard Thomé avait eu une grande part dans l'assemblage des matériaux et la rédaction du 6e volume. (Note de 1869.)

dirigé vers les travaux de desséchement et les projets de cana-
lisation les forces et les ressources qui précédemment étaient
absorbées par les luttes et la résistance.

Je m'expliquerais d'ailleurs d'autant moins cette lacune par
défaut d'intérêt, que M. Massiou lui-même appréciait très-
haut l'heureuse influence des idées philosophiques du dix-
huitième siècle*, de même qu'il avait été entraîné dans la plu-
part de ses ouvrages par le bon sens et la sincérité de la Ré-
forme. Il demeure donc acquis pour moi que si les premiers
volumes eussent eu le succès qu'ils méritaient, l'ouvrage eût
été complété non seulement par le dix-huitième siècle, mais
encore par une préface récapitulant les travaux sur l'histoire
des provinces et donnant un résumé rapide des idées de l'auteur
sur sa méthode et sur son écrit.

Bien plus, avec quelques années de plus de santé et de
repos, il fût revenu vers cette œuvre importante, y eût apporté
des corrections heureuses et eût jeté sur cette longue analyse
des idées générales qui en eussent éclairé les détails et relié
toutes les parties.

Cette histoire néanmoins, conçue par un jeune homme à
peine sorti des bancs du lycée, poursuivie au milieu des obliga-
tions et des embarras de fonctions importantes et de ressources
pécuniaires à peine suffisantes, et publiée malgré les difficultés
inséparables de l'impression de six volumes in-octavo, sera
toujours consultée avec fruit et restera comme point de départ
de tout ce qui pourra être entrepris par la suite sur nos deux
provinces.

* Voir la nouvelle intitulée : *Urbain Grandier.*

M. Massiou a copié tous les matériaux ; il lui a fallu d'abord en composer les différentes parties de son histoire, puis corriger celles-ci, enfin les mettre au net pour les livrer à l'impression. Mais rien ne devait l'arrêter. Son œuvre est toujours présente à son esprit ; il y consacrera tous ses loisirs ; il dérobera à sa famille, à son sommeil les heures qui lui sont nécessaires. Le moment de faire connaître ce fruit de ses sacrifices et de ses pénibles labeurs arrive, et de nouveaux obstacles se présentent : il ne s'arrête pas, il sait qu'il faut tout vaincre, et enfin il rencontre dabord , à Marennes , M. Raïssac ; plus tard, à la Rochelle, M. Mareschal qui lui donnent leurs presses et leur temps et auxquels nous devons aussi quelque reconnaissance.

La force qui soutenait M. Massiou était celle que donnent la conviction de faire un ouvrage utile et l'espoir bien louable de s'en faire un titre vis-à-vis de la postérité.

On ne tient pas assez compte de l'isolement d'un historien en province. Placez M. Massiou dans un autre milieu, faites qu'il rencontre un encouragement à ses débuts et une critique éclairée au lieu d'un blâme immérité, mais toujours pénible ; placez-le au milieu des richesses de la Bibliothèque Impériale, et vous comprendrez bien vite que l'élégance du style et le nombre des documents ne seront plus les seuls titres de l'auteur à l'éloge. Cet esprit patient et éclairé, entouré d'amis se livrant à des travaux analogues, aura bientôt fait disparaître de son livre les citations trop longues, pour les remplacer par des aperçus nouveaux, et il aura donné à son ouvrage une homogénéité et un ensemble qui, au lieu de documents utiles et d'épisodes élégamment écrits , auront produit un ouvrage historique de premier ordre.

M. Massiou avait tout ce qu'il fallait pour accomplir cette mission, mais le milieu dans lequel il est resté forcément a arrêté son essor dès le début. Plus tard les éléments et les encouragements lui ont manqué, il a terminé son œuvre parce qu'il a terminé pendant sa vie tout ce qu'il a entrepris ; mais, après y avoir mis la dernière main, il a senti qu'il n'avait pas produit tout ce qu'il avait espéré. Il n'avait pas prévu l'indifférence du plus grand nombre pour des travaux de cette espèce, et il a oublié à ce moment ce qu'il a vu pourtant si bien dans mille autres circonstances, qu'il ne faut pas attendre les encouragements des autres, mais bien seulement de sa conviction et de sa persévérance à faire ce que l'on croit bon et utile. Il a déposé sa plume après avoir remis entre les mains de M. le maire de Rochefort, pour prendre place à la bibliothèque, le manuscrit qui lui avait coûté quatorze années de travail.

Il m'est impossible, tout en regrettant que la Rochelle soit privée de ce précieux écrit, de ne pas reconnaître que M. Massiou a obéi à un sentiment bien naturel et bien louable en l'envoyant à sa ville natale.

Quant à l'édition de l'ouvrage, peu d'exemplaires en ont été d'abord achetés. Vers 1843, la presque totalité était encore chez l'imprimeur, qui les vendit à M. Charrier, libraire à Saintes. Celui-ci en avait dès lors placé un certain nombre. Aujourd'hui, depuis la mort de M. Massiou, le livre est plus recherché ; dans quelques années il deviendra tout-à-fait rare. La postérité a donc déjà commencé à réparer l'indifférence des contemporains. C'est la destinée des ouvrages utiles qui s'accomplit pour l'Histoire de l'Aunis et de la Saintonge. C'est l'éloge le plus certain qu'on puisse donner à la mémoire de l'auteur. Ceux qui écrivent ne doivent pas tous espérer un succès immédiat.

V.

Vie d'intérieur. — Ami des arts. — Journaliste.

Président. — Mort de sa fille. — Nouvelles occupations.

1840 à 1845.

La tâche que M. Massiou s'était imposée était remplie, et désormais il pouvait se livrer aux soins que réclamaient ses enfants. Il se trouvait dans des conditions qui n'avaient jamais été aussi favorables et qui ne devaient plus se reproduire. Ces deux années , de 1840 à 1842 , sont celles où il recueillit le fruit de ses efforts au milieu de la considération publique et des affections intimes. Il était bien loin de l'année 1826, où, ayant tenté un début dans notre ville, il avait écrit sous l'influence d'un profond découragement* : « Cet infernal pays me

* Lettre à M. Lesson, son beau-frère.

4

» paraît une plage d'exil où je suis condamné à mourir de
» faim et de misère, » et si à cette époque « il avait pensé
» sérieusement à quitter la France et à aller, avec femme et
» enfant, sous le ciel de la Martinique, chercher une existence
» que lui refusait le pays natal, » il n'avait pas tardé à bénir
le Ciel d'en avoir été empêché ; cette plage d'exil était devenue un port hospitalier.

Chez lui il trouvait une fille adorée, dont il faisait l'éducation
et vers laquelle l'entraînait la conformité des goûts et des
pensées presque autant que l'amour paternel. C'était une
amie de tous les instants. Il se plaisait à diriger sa jeune intelligence vers les études qu'il préférait lui-même, et, par un
heureux don de la nature, sa fille les préférait aussi.

Si le travail en commun est doux avec un ami, si ses aperçus
différents des nôtres nous charment en nous encourageant, ce
bonheur s'accroît de toutes les jouissances du cœur lorsque
nos enfants nous le donnent. Mlle Laure était digne de son
père, elle aimait l'étude, elle avait appris de lui à rédiger
et à résumer ses travaux, et, aussi bien partagée sous le
rapport de la beauté que sous celui de l'intelligence, elle était
destinée à devenir une femme distinguée. Quelques efforts
et quelques années encore et ce but allait être atteint.

Mais déjà le père n'a plus à diriger la fille, ce sont des idées
personnelles que chacun apporte dans les conférences communes, et, s'ils abordent une branche nouvelle, c'est Laure qui
le plus souvent l'a demandé. C'est ainsi qu'ils entreprennent
l'étude de la langue italienne, et qu'après quelques mois consa-
crés aux principes, ils se mettent à traduire les lettres du
cardinal Bentivoglio.

D'un autre côté, le fils de M. Massiou se préparait à entrer à l'école de marine ; son aptitude ne laissait, malgré sa jeunesse, aucun doute sur sa réussite.

La vie de M. Massiou était douce et uniforme.

Pendant ce temps de calme, alors que les joies domestiques avaient pris la place des travaux sérieux, le mérite et le caractère de M. Massiou se décelaient publiquement. Le juge d'instruction était apprécié, l'historien s'était fait connaître, le citoyen allait se produire.

Quelques-uns de nos collègues actuels * prirent la résolution de réunir leurs efforts pour répandre le goût des arts. Ils eurent l'heureuse pensée d'invoquer le concours de M. Massiou, et réunirent autour de lui trente membres environ qui se constituèrent en société ; ce fut l'origine de la Société des Amis des Arts. M. Massiou en fut nommé Président et se mit à l'œuvre ; en quelques semaines il rédigea les statuts, une exposition de peinture fut décidée et peu de temps après on adopta le projet de fonder le musée.

Une commission fut plus particulièrement chargée des détails de l'exposition, entreprise toute nouvelle pour la Rochelle. Ses réunions eurent lieu chez M. Gaston Romieux, au milieu des productions remarquables que son goût éclairé et patient a su trouver et recueillir.

Après l'exposition qui avait eu un grand succès, les séances avaient perdu une partie de leur intérêt. Il devait s'écouler deux années avant une exposition nouvelle. On pria

* MM. Brisson, Labretonnière, Gaston Romieux.

M. Massiou de faire un cours d'archéologie monumentale. Il donna plusieurs séances, dont la première produisit une si vive impression que M. le commandant Savary la publia quelques jours après, presque mot à mot, dans le journal l'*Écho Rochelais*. Ceux qui ont assisté à ces conférences n'oublieront pas avec quelle clarté M. Massiou divisait les âges de l'architecture et quelle élégance il apportait dans l'exposé et l'appréciation des causes de ses transformations. Il semblait dans certains instants qu'il avait assisté aux grands faits qu'il retraçait et qu'il n'avait qu'à invoquer sa mémoire pour les exposer.

Au sortir de ces séances, ses collègues se pressaient autour de lui et quelques-uns l'accompagnaient jusque chez lui. Il demeurait alors place d'Armes.* Les hommes qui se trouvaient ainsi réunis n'étaient plus dans l'âge où l'on obéit à une sympathie secrète, à un entraînement instinctif. Il fallait plus pour créer entre eux des liens d'amitié. Estime, uniformité de pensées, sur les points principaux en religion et en philosophie, ces heureuses conditions se rencontrèrent pour quelques-uns. Ceux-ci se trouvèrent d'accord sur les deux éternelles questions de l'existence de Dieu et de l'immortalité de l'âme.

Ce fut également à cette époque que M. Massiou, qui participait de temps à autre à la rédaction du journal la *Charente-Inférieure*, en prit la direction politique. Les anciennes *Petites Affiches* de la Rochelle avaient été remplacées par le journal le *Phare*; à côté de lui deux autres feuilles avaient successivement pris naissance : l'*Écho Rochelais*,

* Maison de M. Gatau, au couchant de la maison de madame Grissot de Passy.

puis la *Charente-Inférieure*. L'*Écho Rochelais* devint politique en 1841 , et la *Charente-Inférieure* déposa son cautionnement* dans le même but à la fin de la même année. En même temps, la rédaction du journal fut plus particulièrement confiée à M. Massiou qui débuta par un programme politique dans le numéro du 2 janvier 1842.

Il faut laisser s'écouler encore quelque temps avant de juger la polémique quotidienne de 1842 ; le gouvernement représentatif est trop rapproché de nous et trop opposé aux idées qui ont faveur aujourd'hui pour trouver un tribunal indépendant. Il existe des adversaires qui le considèrent comme une époque de mensonge et de démoralisation ; des partisans qui le peignent comme ayant donné à la France la prospérité industrielle, la liberté de la presse et la liberté de conscience. Il faut que les passions s'apaisent pour que les historiens se recueillent et prononcent.

M. Massiou avait accepté complétement « la monarchie » constitutionnelle comme l'œuvre de l'expérience, convenant » d'autant mieux à notre âge qu'elle était comme lui dou- » blement impressionnée par les enseignements du passé et » par les exigences de l'avenir. »

Aussi, tout en attribuant au journalisme une haute mission, en le considérant comme « une sentinelle avancée de l'ordre » public, placée aux avant-postes de la légalité , » il lui impose « le devoir de sonner l'alarme au premier danger qui me- » nace l'organisation sociale. » Ce qu'il veut avant tout et par dessus tout, « c'est le maintien de ce qui est, non pas » qu'il soit accessible aux vaines terreurs qui viennent as-

---

* 7,800 francs.

» saillir certains esprits faibles et stationnaires à toute idée
» d'innovation. » Au contraire, « homme de progrès et de
» perfectionnement, il se déclare l'ennemi des habitudes
» routinières, mais il considère ce qui existe comme l'ex-
» pression la plus vraie et la plus complète des intérêts et des
» besoins du pays. »

Une pareille profession de foi laissait à M. Massiou un vaste
champ, et il en a usé avec une sincérité qui ajoutera à ses
titres celui de journaliste convaincu et indépendant.

Je me hâte de répondre à une objection que je pourrais
rencontrer de la part de ceux qui ne liraient pas la polémique
dont je parle. Le journal qui recevait ses articles était celui de
la Préfecture, et le public est peu disposé à admettre une entière liberté d'écrire pour les rédacteurs d'une feuille officielle.
On ne peut répondre qu'en disant : Lisez les articles sur l'ad-
jonction des capacités [*], sur l'extension du cercle des incom-
patibilités [**], sur le droit de visite [***], sur un abus de pouvoir
du ministre de la justice [****], sur la liberté d'enseignement [*****],
sur le progrès social [******], sur une incartade du *Moniteur* [*******],
et sur le vote des fonds secrets [********]. Cette lecture suffira
pour détruire une pareille supposition.

[*]   1842.

[**]   1842.

[***]   6 mars 1842.

[****]   22 mai 1842.

[*****]   1844.

[******]   1844.

[*******]   7 juillet 1844.

[********]   9 mars 1843.

Et, d'ailleurs, M. Massiou ne fit pas seulement preuve d'indépendance, il lutta avec courage contre tous les abus. Dans l'article intitulé : *Esprit de la presse parisienne*, on verra avec quelle verve et quelle énergie il flagelle l'esprit de parti. Dans celui sur l'aveuglement de l'opposition dynastique, il dévoile l'intérêt personnel habilement drapé du manteau de l'amour de la patrie. Il est d'autres articles qui paraîtraient aujourd'hui téméraires et qui, même à l'époque où ils ont été écrits, accusaient une courageuse indépendance, le lecteur les reconnaîtra facilement.

M. Massiou a abordé successivement toutes les questions importantes qui ont été traitées alors , soit à la tribune , soit dans la presse ; il a fait preuve d'une grande netteté de vue, d'une logique et d'une sincérité inflexibles , et s'est montré écrivain élégant et pur.

Cette dernière qualité se trouve plus particulièrement dans certains sujets. Elle est finement respectueuse dans ses répliques sur la question des processions*, elle est éloquente et part du cœur dans sa réclame en faveur des morts **, elle devient gracieuse et poétique dans la description d'un port de mer***, elle est touchante dans l'anniversaire de juillet qui suivit la mort du duc d'Orléans.

Si l'on veut enfin quelques pages où toutes ces qualités sont réunies, où le cœur parle, où l'âme s'émeut, où l'écrivain est inspiré par l'amour de l'humanité autant que par un sen-

* 2 septembre 1843.

** 1843.

*** 1842.

timent de dignité nationale, il faut lire les articles sur le massacre d'une division anglaise dans l'Inde.*

On trouvera le même sentiment national dans les articles sur Pritchard, les Anglais, l'Algérie, sa colonisation.

La justesse de ses appréciations se décèle dans ses jugements sur Guizot, Lamartine et Ledru-Rollin. Le malaise des classes ouvrières lui a fourni aussi deux numéros remarquables.

Nous avons suffisamment cité. M. Massiou était dans la force de son talent, jamais il n'a plus facilement ni mieux écrit qu'à cette époque, son esprit et son style se prêtaient à tous les sujets et il avait acquis dans la manière de présenter les questions et de les traiter un art qui était pour lui une conquête nouvelle. Il écrivait avec la volonté de persuader , et, sans rien abandonner de ses idées ni de ses convictions, il prenait le lecteur dans son camp et le conduisait dans le sien , tantôt par la grâce et l'élégance de la forme , tantôt par l'énergie et la force de ses raisonnements , toujours par la puissance que donnent la sincérité et la conviction.

Un événement imprévu devait donner à M. Massiou la récompense due à ses services. Vers le mois de juin 1842, le Président du tribunal civil de la Rochelle mourut subitement.** M. Massiou avait des droits réels à le remplacer, mais d'autres magistrats avaient également des droits à ces fonctions, et surtout leurs demandes étaient appuyées par d'influents protecteurs. Le juge d'instruction de la Rochelle se présenta d'abord seul. Il écrivit au ministre de la justice une lettre qu'il

---

* Page 70, 71 et 72 du premier volume du manuscrit de 1854.

** M. Pontenier.

a été impossible de retrouver, mais dont le sens est assez présent à ma mémoire pour que je le reproduise ici : « J'ai droit à la place de président vacante, disait-il, parce que je suis magistrat depuis 1830, que j'ai occupé le siége des Sables dans un moment périlleux, parce que je n'ai cessé d'être bien noté tant pour l'exactitude que pour le zèle dans mes fonctions de magistrat. Je viens donc, Monsieur le Ministre, réclamer cette place qui m'est due à tous égards. »

Ce langage pourra sembler extraordinaire ; il pouvait compromettre le succès. Quelques amis s'employèrent heureusement pour le postulant et leur influence fut heureuse. M. le baron de Chassiron, député, qui avait apprécié M. Massiou, le recommanda avec une persévérance et une conviction qui firent taire toutes les prétentions.

Au commencement d'août 1842, la nomination fut signée, et son installation eut lieu à l'audience du 16 août. Il réitéra alors un engagement solennel en retraçant les devoirs du magistrat.*

Peu de temps après on lui demandait ce qui avait déterminé sa nomination, en exprimant la pensée que ses services en Vendée et ses travaux historiques avaient dû décider son succès:

« Sans doute, » dit-il, « cela aurait dû me recommander » suffisamment, surtout mes fonctions aux Sables-d'Olonne; » quant à mon Histoire, je ne l'ai pas invoquée, je sais pour- » tant qu'on en a parlé. Mais il paraît que ce qui a réellement

* *Charente-Inférieure* du 18 août 1842.

» décidé ma nomination, ce sont mes articles de la *Charente-*
» *Inférieure.* Qu'en dites-vous ? »

« Je dis, » répondit l'interlocuteur, « qu'il serait bien alors
» de n'en plus faire, car les ministres futurs pourraient être
» moins libéraux que le ministre actuel. »

A partir de ce moment , il écrivit moins souvent , il
remplit néanmoins ses engagements de journaliste sans rien
changer à sa manière de faire, et cela continua jusqu'en 1844,
époque à laquelle il cessa entièrement.

M. Massiou a publié une nouvelle inédite intitulée *Champ-*
Dolent et Champ-Fleuri. On y trouve ce passage (manuscrit
de 1854) :

« Mais si le bonheur existait sur la terre , ce ne serait plus
» une épreuve que ce pélerinage ici-bas. Fantôme caressant,
» il nous berce parfois sur son aile et nous nous endormons
» au bruit flatteur de ses promesses , mais ce n'est là qu'une
» illusion trompeuse, et plus le songe est enchanteur, plus le
» réveil sera terrible. »

Ces paroles écrites vers 1843 étaient dictées par une douleur
bien vive et bien récente. Alors que M. Massiou jouissait d'un
repos qu'il avait si longtemps cherché, quand il venait d'être
promu au siége de Président, sa fille adorée fut atteinte d'une
maladie de langueur qui , pendant quatre mois , passa
par toutes les phases qui augmentent l'inquiétude en la faisant
succéder à quelques lueurs d'espérance. Le père demandait à
Dieu de lui conserver son enfant, son amie, quand déjà Dieu
l'avait rappelée vers lui dans toute sa beauté et dans toute sa
jeunesse. C'était « le réveil terrible » après deux années
« d'une illusion trompeuse. »

M. Massiou se retira à Savigny, près de Poitiers, où il trouva
« l'air bienfaisant de la campagne ; les soins compatissants de
» la famille au milieu de laquelle il s'était réfugié lui rendirent
» la santé et raffermirent sa frêle organisation ébranlée par
» une secousse trop violente. » Mais l'image de sa chère
enfant lui apparaît partout, c'est surtout au milieu de ses promenades qu'il la voit avec lui. « Tout mon cœur se fond en
» larmes, » s'écrie-t-il, « lorsque je réfléchis qu'il me va
» falloir exister sans l'être adoré qui était si nécessaire à mon
» existence ; mon Dieu, quel sacrifice et pourquoi avoir attendu
» pour me l'imposer que tout concourût à me le rendre plus
» douloureux !.... »

Après de semblables douleurs, il faut un long temps pour
revenir à l'espérance, c'est en vain que l'on veut entreprendre
de nouveaux travaux, la confiance dans l'avenir a disparu.
L'accomplissement des devoirs d'une fonction, dans ce
cas, est sinon une consolation, au moins une distraction
forcée. Le Président, à la rentrée des vacances, reprit
son siége qu'il n'avait occupé que quelques jours, et, en
présence de ses nouveaux devoirs, il sentit la nécessité de
résumer ses connaissances en droit au point de vue de la
Présidence et d'en former un manuel. Ce livre est ébauché,
ce n'est point un ouvrage, c'est plutôt une série de notes
pouvant faire deux volumes, résumées en bon ordre, mais
auxquelles il manque une révision attentive et peut-être un
classement plus méthodique. J'ai confié ces feuilles à M.
Parenteau-Dubeugnon, Président actuel, qui a désiré les
examiner et qui doit me les remettre après les vacances de
1855. Après cette époque, je les déposerai à la Bibliothèque.

Le souvenir de sa fille éloigna d'abord M. Massiou des sujets
de leurs études communes ; mais, après avoir tenté sans réussir

près d'une année de s'y remettre, il arriva qu'il y fut ensuite entraîné par le sentiment qu'il avait été obligé de vaincre d'abord, et qu'il y trouva même une consolation efficace. Il résolut de laisser une trace de leur travail commun et se remit à l'italien. Il avait encore en mains le Recueil des lettres de Gui Bentivoglio, nonce en Flandre et en France au commencement du dix-septième siècle et nommé cardinal en 1621, mort en 1644 pendant la durée du conclave où il devait être nommé Pape. M. Massiou en continua la traduction.

Ces lettres, au nombre de cent quinze, sont placées suivant l'ordre chronologique et comprennent la période de 1607 à 1621.[*]

» Le cardinal Bentivoglio (dit M. Massiou dans sa préface),
» a laissé une histoire des guerres civiles de Flandre, des mé-
» moires et un recueil de lettres... C'est de ces lettres que
» nous offrons une traduction, non seulement parce qu'elles
» méritent, par la grâce et l'urbanité qui les distinguent,
» d'être connues hors de la patrie de l'auteur où elles ont ob-
» tenu un grand succès, mais encore parce qu'elles renfer-
» ment des documents précieux pour l'histoire. »

D'après les recherches pour lesquelles j'ai invoqué l'iné-puisable complaisance de notre secrétaire, il n'existerait d'autre traduction française de ces lettres que celle de l'abbé Loiseau, chanoine d'Orléans en 1767. 4 vol. in-12. Encore est-elle accusée de partialité.

---

* M. Mareschal les lui avait prêtées. — 2e édition de 1819. — Didot aîné.

Je ne saurais juger l'exactitude de la traduction de M. Massiou, mais le style en est aisé et naturel, deux qualités que
l'on donne à l'original. Il existe bien quelques tournures de
phrases qui sentent l'italianisme, elles ne nuisent pas à la
clarté, et le traducteur, d'ailleurs, a prévenu qu'il les avait
préférées à un français plus correct.

La lecture de ces lettres est attrayante et ne fatigue
point la mémoire. Je n'ai point à critiquer le point de vue où le
futur cardinal s'est placé, non plus qu'à faire connaître l'esprit
pontifical qui dirigeait sa .plume ; cependant j'indiquerai plus
particulièrement la description de Paris, des réflexions sur la
politique, tout l'exposé et les détails de la séparation de la
reine-mère et de Louis XIII et les négociations auxquelles le
légat prit part pour les rapprocher. Enfin peut-être aura-t-on
une idée de ses fines appréciations, en lisant cet extrait
d'une lettre du 1er février 1617 sur l'inconstance des
Français :

« Que n'ai-je trouvé plus calmes les affaires de ce Royaume !
» les esprits ne sauraient être plus divisés dans la cour et hors
» la cour et ce sera vraiment un miracle s'il n'en résulte pas
» quelque grand mouvement ; mais de pareils miracles sont
» familiers à la France qui depuis 1200 ans de monarchie a
» éprouvé, si j'ose le dire, un pareil nombre de révolutions.
» L'agitation et le repos se succèdent alternativement dans la
» situation des autres royaumes ; dans celui-ci, ou bien la
» tranquillité n'existe pas, ou bien elle disparaît au moment
» de naître. »

Nous avons fait de telle façon en vieillissant que ce portrait
est toujours resté ressemblant.

Le volume qui contient cette traduction est écrit en entier

de la plus belle plume et de la plus belle main du traducteur et broché également par lui. Je le remets ici.

Il existe une seconde copie de cette traduction, également soignée, mais non terminée et faite vers 1853. Elle est semblable à la première. Je la remets également.

Cette occupation, pour laquelle d'abord il s'était fait violence, avait ramené M. Massiou vers ses anciennes études, il continuait à rédiger le journal la *Charente-Inférieure*, avec moins d'exactitude il est vrai, mais il lui donnait plus particulièrement des articles de littérature et de philosophie sociale. La lutte quotidienne n'était plus dans ses dispositions et lui semblait peut-être dangereuse pour ses fonctions de Président.

Plusieurs nouvelles sortirent de ses cartons :

Robert d'Arbrissel (*Charente-Inférieure*, 2, 6 et 9 juin 1844);

Un paradoxe historique intitulé : *La Pucelle d'Orléans, épouse et mère* (*Charente-Inférieure*, 21 et 24 juillet 1844).

D'autres sujets sont aussi de cette époque :

Un mont-de-piété à la Rochelle (1843) ;

De l'extinction de la mendicité (1844) ;

Wellington et Waterloo (*Charente-Inférieure*, 27 juin 1844).

Cinq des nouvelles composées alors furent réunies en un volume imprimé[*], sous le titre de *Pasticcio*. C'était pour cette publication que M. Labretonnière, auquel M. Massion l'avait demandé, avait fait une introduction que nous avons eu le plaisir d'entendre dans une de nos dernières séances.

---

[*] Mareschal, 1844, à la Rochelle.

Ce volume est précédé de quelques phrases que l'on peut trouver un peu trop correctement disposées, mais dont les oppositions sont heureuses.

Parmi ces nouvelles, celle ayant pour titre : *La Forêt d'Essouvert* plaisait particulièrement à l'auteur. Il y avait pris pour sujet l'entrevue de Philippe-le-Bel et du futur pape Clément V, alors archevêque de Bordeaux (Bertrand de Goth, élu en 1305), au prieuré de la Fayolle, près Saint-Jean d'Angély. En échange de la chaire de Saint-Pierre, le Roi obtint du prélat le concours du pape futur dans l'accomplissement de sa résolution de supprimer les Templiers.

M. Massiou a groupé autour des figures principales des personnages que son imagination a créés et des descriptions inspirées par les souvenirs de ses excursions en Saintonge.

Dans le supplice d'Urbain Grandier qui commence ce volume, M. Massiou a voulu « rendre hommage à la philosophie » qui en éclairant l'esprit humain, en adoucissant les mœurs, » en épurant les croyances, a régénéré le monde et » ajoute l'auteur, que Dieu puisse exaucer, « a banni pour jamais de » la terre les inepties et les excès qui ont si longtemps révolté » la raison et fait gémir l'humanité. »

Une Conversion, la Fosse aux Moines et *la Fontaine Sainte-Eustelle* terminent le volume.

Dans cette dernière composition se trouve un chapitre intitulé *le Pélerinage*, qui impressionnera bien diversement les lecteurs. L'auteur y a abordé de front le sujet le plus délicat qu'il ait jamais traité; malgré l'écueil qu'il côtoie sans cesse, on voit la sincère candeur de ses pensées qui était un des traits saillants de son caractère. Il l'avait gardée pure comme aux jours où il errait en rêvant dans les campagnes de la Charente ; aujourd'hui qu'il avait parcouru la plus grande partie de la vie, son cœur était resté le même, et on est saisi de respect en sentant cette pudeur à la fois si hardie et si vraie.

A l'époque où il terminait ces publications et où il cessait définitivement de participer à la rédaction du journal, son fils entrait à l'école de marine de Brest.

VI.

Mort de Madame Massiou. — Histoire de la Rochelle.
Almanach Bujaud. — Mort de M. Massiou.

1845—1854.

Mme Massiou fut atteinte alors d'une maladie qui nécessita
de longs soins et pour laquelle elle dut recourir à des
consultations à Paris. Son mari l'y conduisit. Il n'avait vu
Paris qu'une fois, et les circonstances dans lesquelles il s'y
trouvait de nouveau ne lui permettaient pas de profiter de ce
séjour d'une manière utile pour ses études ordinaires. Il
ressentit, du reste, de ces voyages une impression telle
que quand il parlait de Paris ce n'était jamais qu'en ci-
tant les ennuis et les contrariétés de toutes sortes qu'il éprou-
verait à y vivre. Pour lui, les Parisiens n'étaient occupés que
de faire quelques gains, *d'accumuler* ; et il disait que ce pays
était « infernal, parce que tout pouvait s'y acheter, tout y
» étant à vendre. »

Il eût fallu à M. Massiou jeune, au sortir du lycée, cette vie de Paris qu'il trouvait alors si peu désirable. Je me suis plu à rêver un tout autre avenir et des titres bien différents devant la postérité pour ses heureuses facultés se développant au milieu de cette cité qui élève l'intelligence, inspire le cœur et satisfait l'esprit. Aussi me suis-je surpris plusieurs fois à combattre ce qui était devenu chez lui une répulsion constante, et je ne me suis observé sur ce point qu'après avoir reconnu qu'il était impossible de modifier ses idées. Il n'avait vu qu'un coin de cet immense tableau, et c'était celui où sont peintes les plaies hideuses, résultat de l'agglomération d'une population venue de tous pays, et composée de ceux qui ont intérêt à se cacher autant que de ceux qui emploient sans scrupule tous les moyens de se produire.

Plus d'une année se passa en soins donnés à Madame Massiou, dont le séjour à Paris et les lettres ajoutaient de nouvelles inquiétudes à celles qu'inspirait déjà son état. Le Président avait vu depuis quinze ans son petit patrimoine disparaître chaque année. Malgré son existence sobre et modeste, il ne possédait plus que les émoluments attachés à ses fonctions, ils étaient alors de 3,000 francs et bien insuffisants pour ses nouveaux besoins.* Ce fut d'abord une gêne pénible et bientôt un sujet de préoccupation et d'inquiétude réelle.

Madame Massiou revint après avoir épuisé toutes les ressources de l'art de la médecine, elle expira entre les bras de son mari le 20 octobre 1845.

M. Massiou restait donc seul, son fils était marin et ne devait

* A partir de 1847 seulement ils ont été de 4,200 francs.

revenir près de lui qu'à de longs intervalles ; en trois années la vie intime de la famille avait disparu , et l'isolement le plus complet succédait à ces douces joies dont le souvenir rendait plus triste encore l'état présent.

Les voyages , la maladie avaient augmenté les dettes. Le Président voulut s'en rendre compte , il en fit un état, il en fut effrayé ; il devait plus qu'il ne pensait pouvoir jamais payer. Ce résultat l'accabla d'autant plus que pendant toute sa vie il avait mis tous ses soins à l'éviter. Il fut quelques jours sans oser paraître , il ne voulut pas reprendre son siége de Président avant d'avoir résolu le difficile problème de sa libération vis-à-vis de ses créanciers. Il calcula quels sacrifices il devrait s'imposer chaque année, et, après qu'il les eut fixés , il choisit un seul prêteur , car il avait assez d'amis pour choisir , et paya ainsi ce qu'il devait à trente ou quarante personnes.

Il reprit alors ses fonctions avec la tranquillité de conscience et la liberté d'esprit que lui donnait sa résolution. Rien ne lui coûta pour accomplir ce qu'il avait promis. Il prit une maison d'un loyer moindre*, il réduisit son ordinaire déjà fort modeste, et il s'imposa toutes les privations qui devaient diminuer ses dépenses. Il parvint ainsi, après quelques années, à payer entièrement ce qu'il devait, et, quand il mourut, il laissa à son fils un petit héritage en sus des petits legs qu'il fit à ceux qui l'avaient servi.

Cette persévérance à atteindre un but fixé à l'avance, sans jamais sortir de la ligne droite qui doit y conduire, était une

---

* Rue Dauphine , vis-à-vis les Sœurs de Saint-Vincent de Paul , maison Gatau, depuis vendue à M. Bonsergent.

de ses qualités. Elle augmenta la considération dont M. Massiou jouissait déjà, et, dans une élection qui eut lieu peu de temps après, il réunit la presque totalité des votes comme membre du conseil municipal.

Mais les souvenirs cruels se présentaient encore à lui, et il mêlait dans son culte pour sa fille la mémoire de tout ce qu'il avait ressenti depuis cette triste année 1842. Une circonstance sans importance, un jeu du hasard, lui fit entreprendre un ouvrage de patience. Au moment de l'Exposition de la Société des Amis des Arts en 1842, le duc d'Orléans avait souscrit à une loterie qui devait être tirée après la clôture de la galerie. Dans l'intervalle survint la chute mortelle du Duc en s'élançant de sa voiture. Lors du tirage au sort des différents lots, un numéro sortit de l'urne, le secrétaire chargé de constater le nom du propriétaire prononça celui du duc d'Orléans, et un autre membre qui désignait les titres des lots répondit par celui-ci : « Plus heureux qu'un Roi. » C'était le titre d'une gravure où un jeune Savoyard se débarbouille en se mirant dans un morceau de glace.

M. Massiou avait été vivement affecté de la mort du duc d'Orléans*, ce rapprochement l'avait frappé, cette même année 1842 avait été aussi pour lui une date fatale ; plus tard il recherchait tout ce qui l'avait occupé alors, et il trouva dans sa mémoire cette réponse : « Plus heureux qu'un Roi. » Il voulut conserver la gravure et pour cela il entreprit de la copier.** Il fit non seulement cette copie, mais aussi le pendant ; ses deux dessins sont des chefs-d'œuvre de patience

* Voir les articles de la *Charente-Inférieure.*
** 1846.

et d'exactitude. Ce furent là ses œuvres de 1846 et 1847, et elles furent les dernières qu'il produisit en bonne santé.

Dès 1847, en effet, un malaise le surprend, il ne peut encore le préciser, dans certains moments il en reste accablé. Il consulte, il cherche, mais aucun symptôme particulier ne vient déceler la cause du mal dont le siége paraît être vers l'estomac. Il avait depuis deux années cessé sa vie de publiciste, ses seules occupations étaient celles du Palais, toujours remplies avec tant d'exactitude, et les distractions de la musique et du dessin. La révolution de 1848 survint, et, quoiqu'il occupât des fonctions bien enviées, il ne vint à la pensée de personne de supposer qu'on pût l'en priver, tant il les remplissait dignement. Il fut obligé d'assister à toutes les démonstrations qui sont nécessaires quand les esprits sont troublés et que les habitudes laborieuses de tout un peuple ont fait place à la vie extérieure et turbulente des clubs et de la place publique. On le voyait s'avancer grave et bienveillant, revêtu de sa toge de Président, marchant droit et ferme, faisant bonne contenance devant l'accomplissement de ses devoirs, même quand ils l'appelaient sur la place d'Armes pour assister, pendant une heure exposé au soleil, à la lecture de la constitution , quelquefois on le surprenait se raidissant avec énergie contre le mal intérieur qui déjà flétrissait ses traits, dégarnissait son front et imprimait ses traces sur sa figure en la rendant plus respectable encore.

Il rentrait chez lui, épuisé par ses efforts et forcé de céder à ce mal incessant qui le torturait.

Des jours, des mois, deux années s'écoulèrent sans aggravation apparente.

Pendant ce temps un éditeur de ce pays, M. Caillaud, lui demande une Histoire de la Rochelle. Il veut s'en occuper, mais c'est à peine s'il peut faire plus que recopier avec certains titres différents la partie de son Histoire de l'Aunis qui se rapporte à notre ville. Il fait successivement deux projets, deux divisions de manuscrits qui ne sont que la reproduction l'un de l'autre. Il n'en est plus à chercher de nouveaux matériaux, c'est à peine s'il peut abréger, et il y renonce entièrement en laissant les deux commencements que voici qui n'ont rien de neuf que la préface.

Ce fut aussi une réminiscence qui lui fit entreprendre en 1850 de concourir à la composition de l'almanach Bujaud. Je rapporte ici une médaille qui lui a été délivrée en 1829 par la Société pour l'enseignement mutuel et qui semble annoncer qu'il avait concouru ou fourni quelques articles au sujet de l'almanach Bujaud dont voici le manuscrit, et dans lequel on reconnaît une plume exercée à écrire, mais où les praticiens trouveraient difficilement les conseils de l'expérience.

Plus faible encore après cette production, il réunit des notes sous trois titres.

Celles qui devaient servir à un septième volume de son Histoire de 1815 à 1840 et qui avaient été recueillies déjà précédemment.

D'autres, sous le nom de *Glanes historiques,* où se trouvent plus particulièrement des faits intéressants sur quelques usages judiciaires. 44 pages manuscrites commencent même ce recueil.

Enfin, une série de notes sur les comtes du Poitou.

Nul doute que ces matériaux eussent servi à des résumés qui étaient dans les projets de notre écrivain.

Mais en 1852 la douleur s'aggrava encore , il fut obligé d'aller à Luchon, l'année suivante il se rendit à Vichy, il avait étudié les effets de sa maladie. Il en dissertait avec des détails qui faisaient trembler les docteurs, et comme il lisait sans cesse tous les traités de médecine qu'il pouvait rencontrer, qu'il allait même jusqu'à en copier de longs passages lorsqu'il croyait y trouver la cause de ses souffrances, ses amis redoutaient qu'il n'arrivât à prononcer le mot fatal : ma maladie est incurable et doit être longue et cruelle.

Puis tout à coup un mieux se faisait sentir, il reprenait le chemin du Palais, présidait les audiences, disait que les nerfs seuls étaient atteints et revenait à l'espérance.*

C'est au milieu de ces alternatives de repos et de souffrance qu'il recopia ses ouvrages et fit les manuscrits qu'il a laissés.

Ses articles de journaux et ses poésies, 2 vol., terminés, — son texte des Institutes non terminé, — sa traduction de Bentivoglio non terminée, — son Histoire de la Rochelle *id.*, — ses Glanes historiques, *id.*

Sa vie est toujours aussi régulière. Comme dans ses années de vigueur et de jeunesse , il suit la règle qu'il s'est tracée pour l'emploi de son temps , et il ne dérobe au travail que ce que la maladie exige.

Il ne faut pas suivre cette agonie plus longtemps, elle dura

---

* Jusqu'au dernier moment. Voir sa lettre d'octobre 1854.

jusqu'au **7** novembre 1854; à quatre heures du soir il était dé-
livré.

M. Massiou est resté jusqu'à la mort ce qu'il avait toujours
été, aussi consciencieux et franc dans sa pensée que dans sa
conduite, aussi digne dans les souffrances du corps que dans
celles du cœur.

Il a fait précéder son manuscrit de 1854 d'une préface qui
ne laisse aucun doute sur sa persévérance dans la réserve et
dans la modération en toutes choses. Ce qu'il avait pensé, ce
qu'il avait écrit à différentes époques de sa vie était dicté par
une sincérité qui n'avait à redouter aucun blâme, parce que,
fût-il dans l'erreur, il était convaincu qu'il était dans le vrai
et qu'il agissait pour faire du bien. Il avait changé d'avis
sur plusieurs points, il l'avoue sans détour. Mais comme
aucune de ses actions , aucun de ses écrits n'avait été
inspiré par un sentiment blâmable , il n'a eu rien à désa-
vouer, rien dont il eût dû réclamer le pardon. En 1854 il put
paraître devant Dieu comme il s'y était depuis longtemps préparé et comme il le disait dès 1851 dans son testament « sans
crainte, — car il avait foi en sa miséricorde. »

En racontant l'histoire de M. Massiou sans en rien omettre,
j'ai rempli un devoir que m'imposait mon amitié pour lui.
J'espère avoir fait plus encore. J'ai montré l'homme fort aux
prises avec les malheurs et les difficultés de la vie, le magistrat toujours honorable. On ne trouvera pas dans cette vie
un seul jour que l'on veuille effacer, car il n'y en a pas
un seul qui fasse tache à cette noble existence, et c'est à ces
deux titres d'homme de bien et de magistrat intègre que M.
Massiou attacha toujours la plus haute importance, ainsi qu'il

me le répétait la veille de sa mort, et c'est pour cela qu'ils ont été inscrits sur sa tombe.

Mais comme historien, comme écrivain surtout, M. Massiou a des titres réels et plus durables. On a constaté dans cette Société que Mérichon, qui fut un des hommes les plus éminents et les plus dévoués de notre ville, ne devait peut-être qu'à ses écrits la mémoire de son nom et de ses services. Que les œuvres de M. Massiou perpétuent le souvenir d'un homme de bien, d'un magistrat d'un grand caractère, d'un historien distingué, d'un écrivain élégant et pur.